글·그림 옥타비오 핀토스

아르헨티나의 어린이책 작가이자 저널리스트예요. 넘치는 호기심으로 세상으로 관찰하고, 이를 책으로 만들지요.
동료이자 친구인 마르틴 야누치와 함께 디자인 에이전시를 운영하고 있어요.
국내에 소개된 책으로는 『하늘을 날면서 잠을 잔다고?』가 있어요.

글·그림 마르틴 야누치

아르헨티나의 어린이책 작가이자 일러스트레이터예요. 새롭게 알게 된 것들을 글과 그림으로 기록하는 걸 좋아해요.
이번에는 옥타비오 핀토스와 함께 다양한 동물에 대해 열심히 탐구해 보았어요.
국내에 소개된 책으로는 『하늘을 날면서 잠을 잔다고?』가 있어요.

옮김 윤승진

한국외국어대학교 스페인어과를 졸업 후 동 대학 통번역대학원 한서과를 졸업했어요. 현재 엔터스코리아 스페인어 전문 번역가로 활동 중이에요.
번역한 책으로는 『지능의 역사』, 『슈퍼우먼 슈퍼 발명가』, 『프레디』, 『세포가 뭐예요?』, 『반슈타인 클럽의 비밀』, 『숲속 금화 전쟁』, 『페미니스트 프리다 칼로 이야기』 등이 있어요.

동물을 사랑하고 자연의 세계를 더 많이 알고 싶은 자들에게
이 책을 바칩니다.

킨더랜드 지식놀이터

하루의 절반을 먹는 데 쓴다고? 글·그림 옥타비오 핀토스, 마르틴 야누치 옮김 윤승진

초판 1쇄 펴낸날 2023년 7월 1일
펴낸이 김병오 **편집장** 이향 **편집** 김샛별 안유진 조웅연 **외주디자인** 백현아 **디자인** 정상철 배한재
홍보마케팅 한승일 이서윤 강하영
펴낸곳 (주)킨더랜드 **등록** 제406-2015-000037호 **주소** 경기도 파주시 회동길 512 B동 3F
전화 031-919-2734 **팩스** 031-919-2735
ISBN 979-11-7082-008-6 77490
제조자 (주)킨더랜드 **제조국** 대한민국 **사용연령** 6세 이상

Comilones
By Octavio Pintos & Martín Iannuzzi
Copyright © Mosquito Books Barcelona, S.L., 2022
Korean translation copyright © KINDERLAND, 2023
All rights reserved.
Korean translation rights arranged with Mosquito Books Barcelona, S.L. through Orange Agency

하루의 절반을 먹는 데 쓴다고? © 옥타비오 핀토스, 마르틴 야누치 2023
· 이 책의 한국어판 저작권은 오렌지 에이전시를 통해 저작권자와 독점 계약한 킨더랜드에 있습니다.
· 신저작권법에 의해 한국 내에서 보호를 받는 저작물이므로 무단 전재와 복제를 금합니다.

하루의 절반을 먹는 데 쓴다고?

•동물 먹이에 관한 모든 것•

글·그림 옥타비오 핀토스, 마르틴 야누치 | 옮김 윤승진

킨더랜드

관찰하고 발견하기

모든 생물은 먹어야 살 수 있어요.
먹는 행위를 통해 생존하고 성장하는 데 필요한 영양분과 에너지, 그 밖에 필요한 것들을 얻어요.

동물들이 구할 수 있는 먹이는 워낙 다양해서
동물들은 지금처럼 다채로운 세계를 꾸려 나가고 있으며,
어떤 자연환경에서도 생존할 수 있지요.
다른 동물들과의 경쟁을 피하려고 오직 한 가지 먹이만 먹도록 특화된 동물이 있는가 하면,
다양한 먹이를 섭취하는 동물들도 있어요.

여러분은 이 책에서 지구 이곳저곳에 살아가는 수많은 동물을 만나게 될 거예요.
사실 우리 지구에는 이미 발견된 종들과 앞으로 발견될 종들이 셀 수도 없이 많아서,
그들의 이야기를 책 한 권에 담는다는 건 불가능할 정도랍니다.

차례

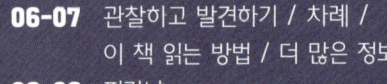

06-07	관찰하고 발견하기 / 차례 / 이 책 읽는 방법 / 더 많은 정보	28-29	거미
		30-31	해파리
08-09	피라냐	32-33	벌새
10-11	모기	34-35	판다
12-13	올빼미	36-37	비늘돔
14-15	달팽이	38-39	펠리컨
16-17	코알라	40-41	사슴
18-19	낙타	42-43	개미핥기
20-21	돌고래	44-45	타조
22-23	뱀	46-47	하이에나
24-25	호랑이	48-49	살기 위해서는 모두가 포식자 / 이 책을 읽고 더 많은 게 궁금해졌나요?
26-27	펭귄		

이 책 읽는 방법

먹는 법
동물이 어떻게 먹는지 알 수 있어요.

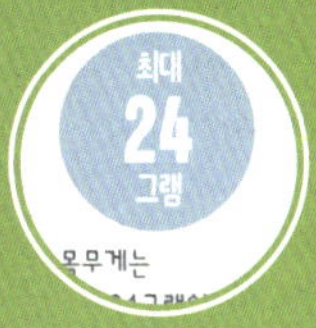

치수
동물 종의 크기, 무게, 키, 그 밖에 구체적인 특징을 나타내요.

기대 수명
평균적으로 살 수 있는 수명이에요.

지리적 분포
어느 지역에 분포하는지를 지도에 다른 색으로 표시했어요.

서식지
어떤 환경에서 사는지 알 수 있어요.

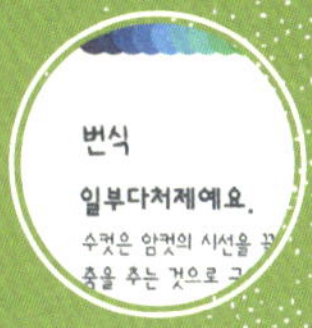

번식
자손을 낳고 기르는 방법이에요.

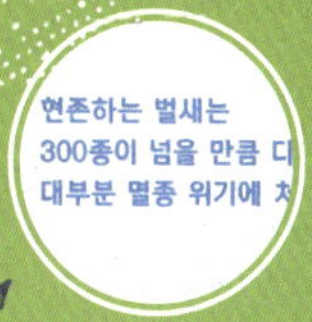

관련 정보
동물에 대한 다양한 정보를 속속들이 담았어요.

인체와 비교
키가 170센티미터인 사람과 크기를 비교해요.

더 많은 정보

생물 분류

문
생물을 체계에 따라 분류하는 범주를 말해요.

강
문은 해당 생물에 가장 일반적으로 나타나는 특징에 따라 강으로 나뉘어요.

목
개체 간에 일반적으로 나타나는 특징을 바탕으로 하지만, 강에 비해 훨씬 구체적이에요.

보전 상태

최소관심
멸종 위험이 없다고 여겨지는 동물이에요.

취약
멸종 위기에 빠질 가능성이 높은 동물이에요.

위기
멸종 위기에 빠진 동물이에요.

먹이 종류

 **초식**
식물을 먹는 동물이에요.

 **잡식**
동물과 식물을 가리지 않고, 다 먹는 동물이에요.

 육식
동물을 먹는 동물이에요.

식충
곤충을 먹는 동물이에요.

흡혈
피를 영양 공급원으로 하는 동물이에요.

학명

살아있거나 멸종한 모든 생물에 붙인 학문적 이름이에요. 라틴어로 표기해요.

거주 환경

 **하늘**
날아다니는 동물이에요.

 **물**
바다, 호수, 강 등에서 사는 동물이에요.

 **땅**
땅에서 사는 동물이에요.

 **땅과 물**
땅과 물을 오가며 사는 동물이에요.

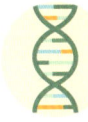

먹이를 빠르고 효과적으로 짓이기고, 토막 내고, 먹어 치울 수 있어요.

이빨 속에 새 이빨이 계속 자라고 있어서 이가 상하거나 부러져도 끄떡없어요.

최대 32 킬로그램

피라냐가 무는 힘은 최대 32킬로그램에 달할 정도로 강력해요.

먹이 사냥 방법은 매우 효율적이랍니다. 어디선가 피 냄새가 나거나 물 표면이 살짝 움직이기만 해도 흥분하기 시작하지요. 사냥할 때는 무리 지어서 동시에 공격해요.

먹잇감을 발견하면 먹이 주변을 에워싼 뒤 몇 분 안에 해치워요. 몇 번 무는 것만으로 먹잇감을 끝장낼 수 있지요.

비늘은 대부분 은빛을 띠어요.

턱

머리는 볼록하고 무는 힘이 어마어마해요. 위턱과 아래턱에 이빨이 한 줄씩 나 있어요.

머리

끝이 뾰족한 삼각형 모양 이빨은 매우 날카로워요. 아랫니가 윗니보다 더 돌출되어 있지요.

가슴지느러미

배지느러미

물고기, 갑각류, 민물에 사는 무척추동물, 곤충, 씨앗, 과일, 썩은 고기, 수생 식물 등을 먹고 살아요. 고기보다 식물을 즐겨 먹는 종도 있어요.

300-500마리의 피라냐 떼

이들이 굶주렸을 때 80킬로그램의 고기를 먹어 치우는 데 걸리는 시간은 단 5분이면 충분해요.

서식지

남아메리카 대륙의 강에 서식해 밝고 깨끗한 지역을 선호하지요.

 학명: Serrasalmidae

 먹이 종류: 잡식

서식지: 물

 보전 상태: 최소관심

피라냐

식욕이 무섭도록 왕성해요

피라냐는 1억 년 전부터 지구상에서 살아왔어요. 가장 오랜 역사를 가진 동물 종에 속하지요.

피라냐는 무엇이든 먹어 치우는 물고기로, 매우 공격적이에요.

최대 40 센티미터

피라냐의 몸은 단단하고 얇은 편이에요. 몸길이는 15-40센티미터 정도이며, 특별히 더 큰 종도 있어요.

생물 분류
- 문: 척삭동물문
- 강: 조기어강
- 목: 카라신목

기대 수명 최대 8년

피라냐는 야생에서 5년, 사육 환경에서 최대 8년 정도 살아요.

- 등지느러미
- 꼬리지느러미
- 뒷지느러미

번식

피라냐는 알을 낳고 5-6월 사이에 일반적인 조건에서 번식해요. 수컷은 강바닥을 파서 알을 위한 구덩이를 만들어요.

암컷은 약 5,000개의 알을 낳고, 수컷은 부화할 때까지 알을 돌봐요.

지리적 분포

가장 잘 알려진 종은 레드피라냐와 블랙피라냐

피라냐 떼는 강에서 큰 무리에 속해요. 포식자들로부터 자신을 보호하기 위해 무리 지어 다녀요.

남아메리카의 수량이 풍부한 강에 서식해요. 아마존강이나 오리노코강, 가이아나강, 파라나강 수계와 샌프란시스코강 등지에 분포해요.

모기

번식을 위해 피를 빨아 먹어요

현재 모깃과는 40여 속, 3,500여 종이에요.

모기는 수많은 화학적 요인을 감지해 먹이를 골라요.

단 액즙, 꽃, 과일즙, 식물의 수액 등을 먹어요.

번식

모기는 지구 생태계에서 매우 중요한 존재예요. 식물의 수분을 돕기 때문이지요.

암컷은 알을 낳는 데 필요한 단백질을 보충하기 위해 피를 먹어요.

모기가 포유류, 특히 사람의 피를 좋아하는 이유는 사람의 피부가 얇고 접근하기 쉽기 때문이지요.

모기의 알은 물속에서 자라는 애벌레가 돼요.

포유류가 방출하는 이산화탄소, 호흡할 때 생기는 수증기, 땀, 호르몬 등을 추적할 수 있어요.

그 기간에 애벌레는 물 표면에 매달려 지내고, 수관을 통해 숨을 쉬어요.

모기는 번데기 단계를 거치는 완전 탈바꿈을 거쳐 어른벌레가 돼요.

뾰족한 침으로 찔러 피를 빨면 항응고제와 단백질이 섞인 침이 피부에 주입되어 가려움증과 부기를 유발해요.

번데기 시기에는 아무것도 먹지 않아요. 그리고 어른벌레로 탈바꿈할 때까지 휴식을 취해요.

지리적 분포

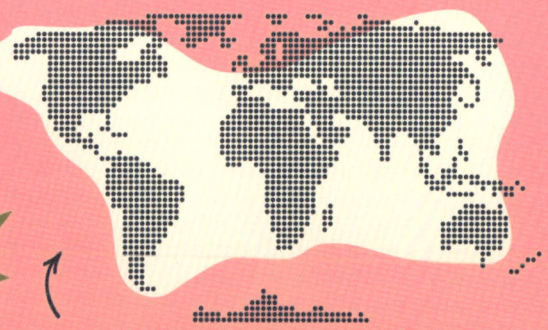

남극을 제외한 전 대륙에 분포해요.

서식지

도시, 숲, 습지, 대초원, 평야, 목초지 등 물이 많고 습도가 높은 곳 살아요.

모기의 작은 몸은 세 부분으로 구성돼요.
→ 머리
→ 가슴
→ 배

침
먹는 데 사용하는 길쭉한 침이 있어요. 수컷보다 암컷의 침이 훨씬 길어요.

더듬이
긴 더듬이 한 쌍으로 냄새를 감지해요.

최대 **15일**
기대 수명
암컷은 최대 2개월, 수컷은 열흘 정도 살아요.

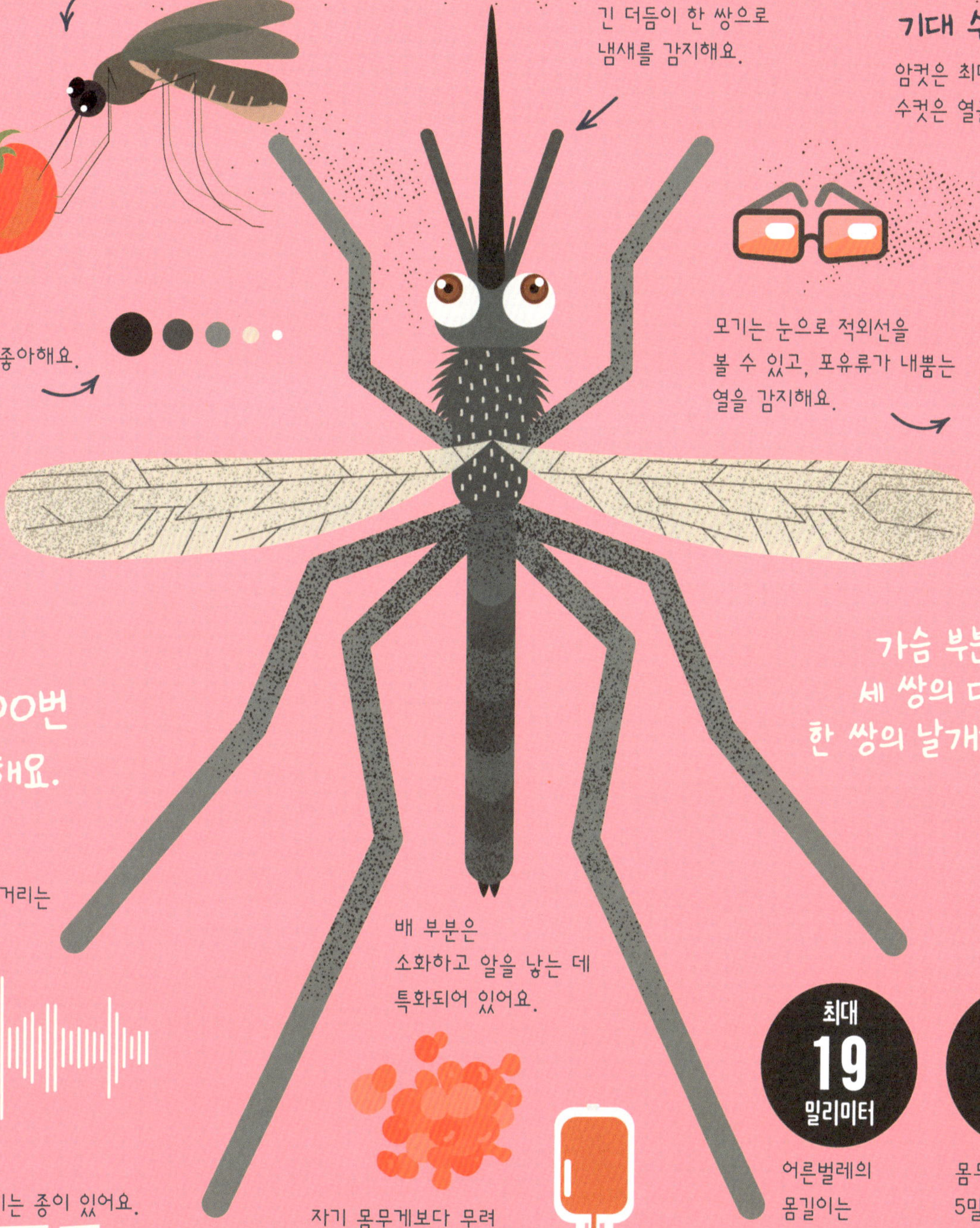

밝은색보다 어두운색을 좋아해요.

모기는 눈으로 적외선을 볼 수 있고, 포유류가 내뿜는 열을 감지해요.

초당 800번 날갯짓해요.

모기가 날 때 윙윙거리는 소리가 나지요.

가슴 부분에는 세 쌍의 다리와 한 쌍의 날개가 있어요.

배 부분은 소화하고 알을 낳는 데 특화되어 있어요.

최대 **19** 밀리미터
어른벌레의 몸길이는 3-19밀리미터 정도예요.

최대 **5** 밀리그램
몸무게는 최대 5밀리그램이에요.

모기 중 질병을 옮기는 종이 있어요. 그중에는 황열병, 뎅기열, 지카, 말라리아 같은 사람에게 심각한 영향을 미치는 질병도 있지요.

자기 몸무게보다 무려 세 배나 많은 양의 피를 보관할 수 있어요.

기온이 낮은 기간에는 겨울잠을 자요.

생물 분류
문: 절지동물문
강: 곤충강
목: 파리목

학명: Culicidae   먹이 종류: 흡혈, 과즙을 먹는 동물   거주 환경: 하늘   보전 상태: 최소관심

곤충, 물고기, 몸집이 작은 포유류, 파충류, 일부 양서류를 먹어요.

올빼미가 1년 동안 잡아먹는 쥐는 약 1,000마리에 이르러요.

번식

수컷이 지저귀는 소리를 내고 하늘을 날아다니면서 암컷의 시선을 끌어 짝짓기해요.

암컷은 3-5개의 알을 낳아요.

30일 정도 알을 품어요.

올빼미는 맹금류답게 살아있는 동물만 먹어요.

먹이를 씹지 않고 통째로 삼켜요. 그런 다음 가죽, 털, 이빨 등 소화할 수 없는 부분을 덩어리 형태로 다시 토해 내는데, 이를 펠릿이라고 해요.

쥐, 개구리, 뱀, 토끼 등 작은 동물을 먹어요.

수컷은 새끼가 깨고 나올 때까지 암컷의 먹이를 담당해요.

새끼들은 태어난 지 6주가 지나면 날기 시작하고, 14주 후에는 둥지에서 나와요.

생물 분류

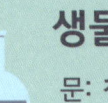

문: 척삭동물문
강: 조강
목: 올빼미목

야행성이며 무리 지어 다니지 않아요. 낮에는 높고 그늘진 곳에서 숨어 지내지요. 평생 한곳에 머물러요.

지리적 분포

남극을 제외한 전 대륙에 분포해요.

서식지

바위가 많은 지역, 숲, 정글, 초원, 대초원, 덤불, 평야, 사막, 산에 살아요.

최대 20년

기대 수명

야생에서 15-20년 정도 살아요.

25%

몸무게는 암컷이 수컷보다 최대 25% 무거워요.

최대 4 킬로그램

몸무게는 1.5-4킬로그램 정도예요.

최대 75 센티미터

몸길이는 20-75센티미터 정도예요.

최대 2 미터

날개 길이는 2미터 정도 돼요.

← 올빼미의
← 몸 크기는
← 종에 따라
다양해요.

 학명: Bubo bubo

 먹이 종류: 육식

 거주 환경: 하늘

 보전 상태: 최소관심

올빼미는 매우 똑똑한 새예요.

얼굴은 접시형 안테나처럼 움푹 들어가 있어요. 이 부분을 안면판이라고 하는데, 소리를 모아 귀로 전달하는 역할을 해요. 매우 낮은 주파수와 먼 거리에서 나는 소리도 들을 수 있지요.

대개 둥지를 새로 틀지 않고 버려진 둥지를 찾아 살아요.

소리로 주변 환경과 움직임을 감지할 수 있어요.

← 부리

부리는 작지만 강하고 날카로워요. 먹이를 낚아채고, 조각내고, 삼키는 데 쓰이지요.

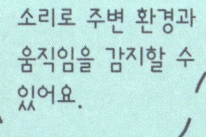

270°

고개를 270°까지 돌릴 수 있고, 수직으로는 90°까지 꺾을 수 있어요.

깃털은 검은색과 갈색, 흰색, 회색 등 다양한 색깔을 띠며, 다섯 겹으로 피부를 덮어요.

시력은 어두운 밤에 적응되어 있어요.

← 날개

큰 날개로 조용히, 그리고 빠르게 날 수 있어요.

각각의 눈에는 눈꺼풀이 세 개씩 있어요.

눈은 크고 반짝거려요. 눈동자 색은 노란색, 주황색, 또는 갈색을 띠지요.

← 다리

다리에는 제동 장치가 있어요.

올빼미는 200종이 넘어요. 여기에서는 올빼미목 중에서도 수리부엉이를 기준으로 알아볼 거예요.

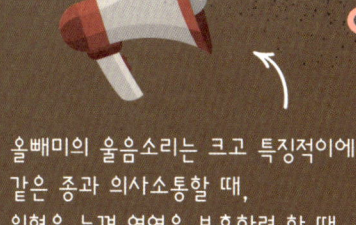

올빼미의 울음소리는 크고 특징적이에요. 같은 종과 의사소통할 때, 위협을 느껴 영역을 보호하려 할 때, 암컷을 유인할 때도 울음소리를 내지요.

앞발은 길고 날카로워 먹잇감을 꽉 붙들 수 있어요.

올빼미
살아있는 동물을 먹어요

머리에는 촉수가 한 쌍 또는 두 쌍이 있고, 촉수 끝에 눈이 달려 있어요.

촉수
아래쪽에 있는 촉수는 후각 기관이에요.

모든 종류의 잎, 과일, 채소, 버섯, 곰팡이, 새싹을 먹어요. 게다가 일부 동물의 뼈나 돌, 모래, 흙을 갉아 먹기도 해요. 등딱지를 건강하고 튼튼한 상태로 유지하기 위해 칼슘이 풍부한 먹이를 찾아다니지요.

눈

달팽이의 이빨은 쉽게 닳고 없어져서 계속해서 새로운 이빨이 나요.

시력은 낮인지 밤인지 구분할 수 있을 정도로만 빛의 강도 변화를 감지해요.

혀에는 작은 이빨들로 빼곡한데, 이를 치설이라고 해요. 치설로 풀을 뜯거나 갉아 먹고, 식도로 전달해 음식물을 소화해요.

입

장소를 기억하는 도움이 되는 훌륭한 연상적 사고를 할 수 있어요.

생물 분류
문: 연체동물문
강: 복족강
목: 유폐목

최대 5 센티미터
몸길이는 4-5센티미터 정도예요.

최대 10 그램
몸무게는 7-10그램이에요.

약 6억 년 전부터 지구에서 살고 있어요.

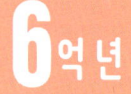

달팽이

지구에는 7만 5,000종이 넘는 달팽이가 살아요. 여기서는 헬릭스속을 기준으로 알아볼 거예요.

칼슘이 풍부한 먹이를 갉아 먹어요

이동

배를 발 삼아 움직여요.

움직일 때 접착제 역할을 하는 점액을 분비하여 이동해요.

점액

점액은 체온을 일정하게 유지해 줄 뿐 아니라, 상처나 세균 감염을 예방하고 개미 같은 위험한 곤충의 접근을 막아 줘요.

축축한 표면 위를 지나가면 몸의 아랫부분에서 수분을 흡수해요. 이런 이동 방식을 통해 몸의 수분을 유지하지요.

등에는 나선 모양의 등딱지가 있어요. 연약한 몸과 내장 기관을 보호하기 위하여 칼슘으로 이루어져 있어요.

등딱지 색깔은 갈색, 베이지색, 노란색 등이며 모양은 다양해요. 등딱지를 제외한 몸의 나머지 부분은 부드럽고 끈적끈적하며, 피부는 회색 반점이 있는 어두운색을 띠어요.

최대 초속 0.7

전진 속도는 종에 따라 다르며 초속 0.5~0.7센티미터 정도예요.

번식

달팽이는 한 몸에 양성의 생식 기관을 다 가지고 있는 자웅 동체예요.

짝짓기는 무려 **일곱 시간**이 넘게 소요되는 매우 긴 과정이에요.

일 년에 최대 세 번 짝짓기하며, 알을 **100개 이상** 낳아요.

알에서 부화하면 바로 생존 모드에 돌입해요. 제일 처음 하는 행동은 자신이 깨고 나온 알껍데기를 먹어 칼슘을 보충하는 것이지요.

추운 계절에는 종 대부분이 겨울잠을 자요. 얼어 죽지 않으려고 몸 전체에 얇은 점액층을 분비하여 몸이 마르지 않게 대비하지요.

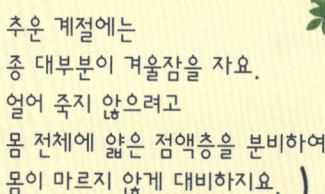

기대 수명 최대 20년

야생에서 최대 20년 정도 살아요.

서식지

사막, 들판, 초원, 정글, 해변, 산 등 정말 다양한 장소에서 살아요.

지리적 분포

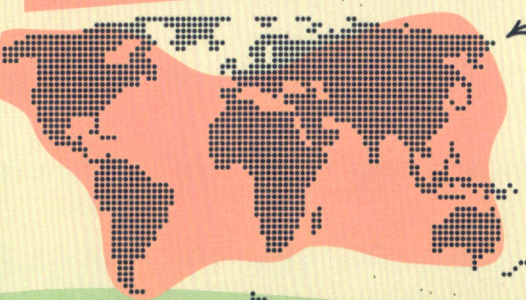

남극을 제외한 전 대륙에 분포해요.

달팽이의 종류는 다양해요. 기본적으로 육상과 수상으로 구분돼요.

육상 달팽이: 농작지, 초원, 정원 등에 살아요. 습하고 그늘진 곳을 찾아다니지요.

수상 달팽이: 담수 또는 해수에 살아요.

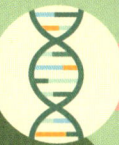 학명: Helix aspersa
 먹이 종류: **초식**
 거주 환경: **땅, 물**
 보전 상태: **최소관심**

최대
85
센티미터

몸길이는 60-85센티미터예요.

최대
15
킬로그램

몸무게는 4-15킬로그램이에요.

생물 분류

문: 척삭동물문
강: 포유강
목: 캥거루목

최대
20년

기대 수명

야생에서 최대 20년 정도 살아요.

코는 긴 타원 모양이며 후각이 매우 발달했어요.

입이 짧아요. 귀는 크고 털이 많이 나 있어요.

하루에 먹는 잎의 양은 200-900그램 정도 돼요.

털은 짙은 갈색, 회색, 흰색이며, 아랫부분의 색이 더 밝고 뒤쪽에는 얼룩이 있어요.

물을 마시지 않아요.

나뭇잎에 함유된 수분만 섭취해요.

발가락이 다섯 개이며 그중 두 개는 엄지발가락이에요.

발가락은 짧지만, 발톱은 날카롭고 힘이 세 나무껍질을 움켜잡고 나무에 기어오를 수 있어요.

번식

임신 기간은 **35일** 이에요.

한 마리의 새끼가 태어나면 새끼주머니에서 6개월 동안 성장해요.

새끼는 새끼주머니에서 어미의 젖을 먹고 자라요. 새끼주머니에서 나오면 생후 1년이 될 때까지 어미의 등을 타고 다녀요.

새끼는 어미의 배설물을 먹어요. 어미의 배설물에는 질병으로부터 자신을 보호하고 식물의 섬유소를 소화하는 데 익숙해지게 해 주는 미생물이 있거든요.

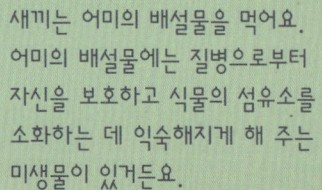

코알라
독성이 있는 나뭇잎을 먹어요

현존하는 코알라는 퀸즐랜드코알라, 빅토리아코알라, 뉴사우스웨일스코알라예요. 기원과 털의 색깔 및 굵기에 따라 붙여진 이름이지요.

엽식 동물

코알라는 초식 동물이에요. 그중에서도 셀룰로스 함량이 높은 단단한 나뭇잎만 먹는 엽식 동물에 속하지요.

유칼립투스 잎을 먹어요.

위턱과 아래턱의 앞니는 단단한 잎을 먹기에 적합해요. 앞니는 잎을 자르고 뭉개는 집게 역할을 하지요.

가끔 두 볼 안 주머니에 소화되지 않은 잎을 저장해 둬요.

유칼립투스 잎에는 독성이 있어요.

섬유소가 잘 소화되도록 흙, 나무껍질, 작은 돌멩이를 같이 먹기도 해요.

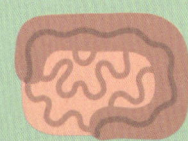

코알라의 신진대사는 느리며 소화 기관의 길이가 길어서 식물의 독성을 제거하고 소화할 수 있어요.

← 사람과 마찬가지로 맹장이 있어요.

이런 식으로 소화된 잎은 특수한 세균군의 작용으로 코알라가 먹는 식물 섬유질에 포함된 에너지의 최대 **25%** 활용할 수 있게 해 줘요.

유칼립투스는 600여 종이 있지만, 코알라가 먹을 수 있는 건 50여 종밖에 안 돼요.

코알라는 나무에 기생하는 동물이에요. 그리고 하루에 20시간 정도 잠을 자요.

서식지

지구의 동쪽과 남동쪽에 위치한 열대 및 온대 기후 지역의 숲에 살아요.

유칼립투스 삼림지에서 살아요.

지리적 분포

호주에 분포해요.

 학명: Phascolarctos cinereus

 먹이 종류: **초식**

 거주 환경: **땅**

 보전 상태: **취약**

생물 분류
- 문: 척삭동물문
- 강: 포유강
- 목: 소목

먹을 것과 물이 떨어지면, 혹에 저장해 둔 지방에서 물이 나와요.

저장해 둔 지방을 써 버리면, 다시 먹이를 먹을 때까지 혹의 크기가 점점 작아져요.

낙타 등에 솟은 혹에는 물과 먹이가 부족할 때 쓰이는 지방이 저장되어 있어요.

혹 →

낙타의 털은 갈색과 베이지색 계열이에요.

입이 매우 크고 입술이 두꺼워요.
↓
윗입술은 먹이를 거머잡기 쉽도록 나누어져 있어서 가장 좋아하는 부분을 고를 수 있어요.

위장에는 세 개의 방이 있어요.

마르고 가시가 있는 식물, 뿌리, 잎, 덤불 등을 먹어요.

걷다가 눈에 띄는 식물들을 주로 먹어요.

먹이를 충분히 씹지 않고 삼켰다가 나중에 조금씩 되새김질해 씹어 먹어요.

입 안에 있는 먹이가 제대로 다 씹히지 않으면 다음 소화 단계로 넘어가지 않아요.

100리터나 되는 물을 마시는 데 **15분**도 안 걸려요.

다른 어떤 포유류보다 빠르게 몸에 수분을 공급할 수 있어요.

아무것도 마시지 않아도 10일 정도는 끄떡없어요.

시속 **40** 킬로미터

낙타
현존하는 낙타는 단봉낙타와 쌍봉낙타 두 종류예요.

등에 난 혹에 먹이를 저장해요

이런 식으로 길게는 6개월 동안 아무것도 먹지 않고 버틸 수 있어요.

고효율 신장을 지녔어요.

몸에 수분이 바닥나면 오줌을 배설하지 않고 다시 흡수해요. 이렇게 흡수된 오줌은 신장에서 단백질로 바뀌어요.

모래 폭풍

- 모래 폭풍이 불어닥치면 무성한 털로 귀를 덮어요.
- 콧구멍도 닫아 버리지요.
- 제2의 눈꺼풀이라 할 수 있는 투명한 순막과 두 줄의 긴 속눈썹으로 눈을 보호해요.

섭씨 29도-60도에 이르는 극한의 기후 조건을 견뎌요.

29°C-60°C

번식
임신 기간은 12-14개월이에요.

새끼는 한 마리만 낳아요.

새끼는 태어나자마자 30분 정도 걸을 수 있고, 2주쯤 지나면 무리에 합류할 수 있어요.

3 미터
몸길이는 약 3미터예요.

2 미터
키는 2미터에 달해요.

최대 600 킬로그램
몸무게는 400-600킬로그램 정도예요.

일반적으로 대장 수컷이나 한 무리의 수컷을 선두로 무리 지어 이동해요.

지리적 분포

등에 170-240 킬로그램의 짐을 질 수 있어요.

북아프리카, 서아시아, 중앙아시아, 동아시아에 분포해요.

네 개의 긴 다리에는 발가락이 두 개씩 있어요. 발가락에는 섬유질과 지방으로 된 넓은 덩어리와 발굽이 있어요.

그래서 모래사막을 걸을 때도 모래에 발이 빠지지 않아요.

최대 40년

기대 수명
야생에서 최대 40년 정도 살아요.

사회성이 매우 발달했어요. 입으로 바람을 불어 서로 인사하곤 해요.

서식지
사막, 대초원, 광활한 황무지에서 살아요.

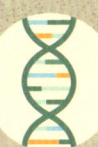 학명: Camelus  먹이 종류: 초식  거주 환경: 땅 보전 상태: 위기

돌고래

특별한 기술을 사용해 먹이를 사냥해요

현재 약 30종의 돌고래가 발견되며, 종마다 모양과 크기가 달라요.

돌고래의 뇌는 매우 복잡해요. 그래서 지구상에 사는 가장 똑똑한 동물 중에 하나랍니다.

물 표면 위로 솟아올라 호흡하고, 다시 물속에 들어가 50분 정도 버텨요.

숨구멍

돌고래는 숨구멍이 있어 물 안과 밖에서 호흡할 수 있어요.

피부색은 회색, 흰색, 파란색, 분홍색 등 종에 따라 다양해요.

입을 따라 긴 턱이 발달했어요. 턱 모양은 종에 따라 달라요.

뾰족한 이빨이 50~100개 나 있어요.

돌고래는 각자 자기만의 휘파람 소리를 내요.

돌고래는 울리는 소리, 휘파람 소리, 그 밖에 여러 가지 소리를 이용하여 의사소통해요.

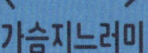

가슴지느러미

가슴지느러미 덕분에 빠르고 쉽고 추진력 있게 움직일 수 있어요.

번식

어미 몸 안에서 어느 정도 자란 뒤에 태어나는 태생 동물이며 새끼는 한 마리만 낳아요.

어미는 새끼가 태어나면 물 표면으로 데려가 첫 숨을 쉬게 해 줘요. 약 2년 동안 젖을 먹여 키워요.

지리적 분포

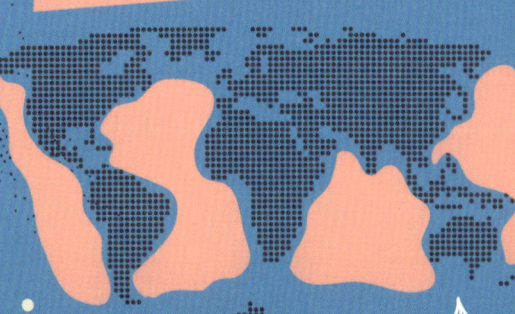

극지방의 대양을 제외한 지구의 모든 바다에 분포해요.

생물 분류

문: 척삭동물문
강: 포유강
목: 우제목

서식지

따뜻하고 열대의 수역, 얕은 바다, 해안, 대륙붕, 탁 트인 바다 등지에 살아요. 강에서 사는 종도 있어요.

 학명: Delphinidae  먹이 종류: 육식 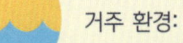 거주 환경: 물  보전 상태: 최소관심

최대 **5** 미터

몸길이는 2-5미터예요.

최대 **300** 킬로그램

몸무게는 70-300킬로그램 이에요.

최대 **90년**

기대 수명

야생에서 짧게는 20년, 길게는 최대 90년 정도 살아요. 종마다 차이가 커요.

돌고래는 마치 거대한 수중 음파 탐지기처럼 일련의 고주파 소리를 방출해요. 그 소리가 어떤 물체에 부딪혀 튕기면 메아리 형태로 되돌아오지요.

심한 장난꾸러기예요. 바다 위를 떠다니는 배의 뱃머리를 따라 전속력으로 헤엄치며 물 위로 솟아올라요.

이렇게 돌고래는 물체의 거리, 방향, 크기, 모양, 질감, 밀도를 측정할 수 있어요.

미각이 뛰어나고 특별히 좋아하는 음식이 있어요.

← 등지느러미

먹이를 찾아 이동하곤 해요. 물고기, 오징어, 갑각류를 주로 먹어요.

다양한 먹이 사냥 방법

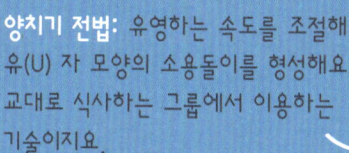

음파 위치 추적: 음파를 레이더로 사용하여 먹잇감의 정확한 위치를 파악할 수 있어요.

이빨이 있지만 먹이를 씹지 않고 통째로 삼켜요. 이빨은 먹이의 껍질을 벗겨 낼 때만 사용해요.

양치기 전법: 유영하는 속도를 조절해 유(U) 자 모양의 소용돌이를 형성해요. 교대로 식사하는 그룹에서 이용하는 기술이지요.

돌고래는 2-100마리 정도 무리를 지어 살며 이동해요.

25킬로그램

하루에 10-25킬로그램에 달하는 양을 먹어요.

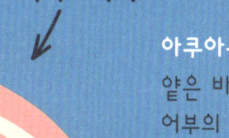

혼 빼기 전법: 소리와 잡음을 내 먹잇감을 정신없게 한 뒤 잡아먹는 기술이에요.

먹이가 풍부한 지역에서는 1,000마리가 넘는 돌고래가 한 무리에 합류하기도 해요.

↓ 꼬리지느러미

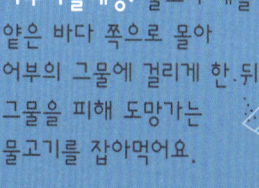

아쿠아플래닝: 물고기 떼를 얕은 바다 쪽으로 몰아 어부의 그물에 걸리게 한 뒤 그물을 피해 도망가는 물고기를 잡아먹어요.

흙탕물 커튼: 먹잇감을 얕은 물 쪽으로 유인해 흙탕물을 일으킨 뒤 혼란한 틈을 타 잡아먹어요.

뱀

먹이를 통째로 삼켜요

 전 세계에 분포된 뱀은 약 3,000종이에요.

먹잇감을 죽이는 방법은 종에 따라 다양해요.
- 독살
- 압박
- 살아있는 동물을 통째로 삼킴

뱀의 감각 중 가장 발달한 감각은 후각으로, 코와 두 갈래로 갈라진 혀를 움직여 냄새를 맡을 수 있어요.

뱀은 먹잇감을 소화하는 동안에는 움직이지 않아요.
소화 과정에서 효소는 영양분을 녹이고, 털, 깃털, 발톱, 배설물 등을 배출해요.

어떤 종은 입에 민감한 수용체가 있어 정온 동물이 방출하는 열을 감지할 수 있어요.

날카로운 이빨은 입 안쪽을 향해 있어서 먹잇감을 입 안에 가두기 좋아요.

턱은 매우 유연하고 잘 움직여서 자기 입보다 더 큰 먹잇감을 삼킬 수 있어요.

대부분의 종은 송곳니에 연결된 독샘을 가지고 있어요.

최대 **7** 미터

몸집이 가장 큰 종은 그물무늬비단뱀이에요.

먹잇감을 씹어 먹지 않고 통째로 삼켜요.

도마뱀, 개구리, 다른 뱀, 포유류, 조류, 물고기, 달팽이, 곤충 등 작은 동물과 알을 먹어요.

수명 최대 **50년**

야생에서 20년, 사육 환경에서 최대 50년 정도 살아요.

6.5 미터

그린아나콘다의 몸길이는 6.5미터에 달해요.

최단 길이 **10** 센티미터

가장 작은 편에 속하는 종 중에는 길이가 약 10센티미터인 것도 있어요.

뱀의 몸은 다채로운 색깔의 비늘로 덮여 있어요. 몸의 색깔은 먹잇감을 잡을 때 눈에 띄지 않게 개복하거나 주위 환경과 비슷하게 보호색을 띠는 등 종의 특성과 관련이 있지요.

뱀의 척추는 짧고 폭이 넓은 뼈로 이루어져 있으며 자유롭게 구부렸다 폈다 할 수 있어서, 물결치듯 재빠르게 이동할 수 있답니다.

생물 분류

문: 척삭동물문
강: 파충강
목: 뱀목

번식

수컷은 원하는 암컷과 짝짓기하기 위해 다른 수컷들과 다툼을 벌여요.

암컷은 알을 낳은 뒤 몸으로 감싸 부화할 때까지 따뜻하게 보호해요.

뱀은 난생과 난태생으로 새끼를 낳아요.

난생
어미가 알을 낳은 뒤 알 속의 영양만으로 새끼가 성장하여 알을 깨고 나와요.

난태생
알을 몸 안에 품어 새끼가 알을 깨고 나온 뒤에 낳아요.

성체가 된 뱀은 1년에 한두 차례 탈피를 해요. 어린 뱀은 네 차례까지 가능하지요.
탈피는 오래된 피부를 대체하거나 기생충을 제거하는 기능을 해요.

체온을 조절해야 해요. 그래서 햇볕을 받아 몸을 따뜻하게 하거나 더위를 식히기 위해 서늘한 곳으로 이동하곤 해요.

육상
바위, 굴, 식물들 틈에 숨어 땅 표면에서 살아요.

수상
강이나 호수에 살아요.

해상
산호나 바위가 많은 지역에 살아요.

지리적 분포

남극과 히말라야 일부 지역, 아일랜드, 아이슬란드, 하와이, 뉴질랜드를 제외한 나머지 대륙에 분포해요.

서식지
서식지는 사막, 해안, 숲, 대초원, 사바나, 정글, 산, 물 등 다양해요. 온난한 기후나 아열대 및 열대 기후 지역을 선호해요.

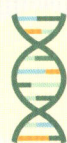 학명: Serpentes  먹이 종류: **육식**  거주 환경: **땅, 물** 보전 상태: **최소관심**

시속 72 킬로미터

시속 72킬로미터의 속력으로 달릴 수 있어요.

번식

수컷은 암컷의 선택을 받기 위해 구애 의식을 치러요. 일단 짝짓기에 성공하면 수정이 일어나고 임신이 시작돼요.

임신 기간은 **3개월**이에요.

많게는 네 마리까지 새끼를 낳아요.

새끼는 호랑이 굴에서 지내다가 8주가 지나면 주변을 살피기 위해 굴에서 나와요.

새끼는 어미와 **2년** 동안 같이 살아요.

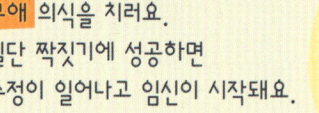

길이 6미터, 높이 2미터까지 뛸 수 있어요.

90킬로그램을 넘지 않는 동물을 잡아먹어요.

먹잇감을 찾으러 약 30킬로미터를 이동해요.

예고 없이 은밀하게 접근하는 유능한 포식자예요. 먹잇감을 갈기갈기 찢어 놓으며 척수를 찾아내 끊어서 옴짝달싹 못 하게 만들어요.

15-50 킬로그램

하루에 먹어 치우는 고기의 양은 15-50킬로그램 사이지만, 몇 주 동안 아무것도 먹지 않은 채 지내기도 해요.

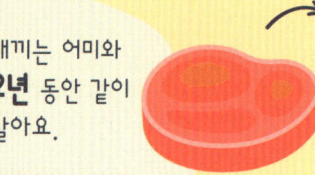

기대 수명 최대 20년

야생에서 15년, 사육 환경에서 최대 20년 정도 살아요.

생물 분류
- 문: 척삭동물문
- 강: 포유강
- 목: 식육목

수풀이 우거진 밀림, 덤불, 늪, 물이 풍부한 초원 등에 살아요. 동굴이나 속이 빈 나무, 또는 식물이 빽빽이 자란 곳에 몸을 숨겨요.

암컷과 수컷 모두 혼자 사냥해요.

최대 3 미터

몸길이는 2-3미터예요.

최대 350 킬로그램

몸무게는 100-350킬로그램 사이예요.

호랑이는 동물의 왕국에서 가장 덩치가 큰 고양잇과 동물이에요. 사자보다 몸이 더 커요.

암컷은 수컷보다 몸이 작아요.

지리적 분포

동남아시아에 분포해요.

서식지
숲, 밀림, 사바나 등지에 살아요.

학명: Panthera tigris	먹이 종류: 육식	거주 환경: 땅	보전 상태: 위기

청력이 매우 정확해서
어떤 소리라도 포착해 내요.

털이 난 모양새는 호랑이마다 고유하며
다른 호랑이와 구분되는 특징을 보여요.
그리고 주위 환경과 어우러져 보호색을 띠기도 해요.

귀
귀는 작고 둥글어요.

꼬리의 길이는
몸길이의 절반을
차지해요.

호랑이는 고양잇과 동물 중에서 가장 길고
구부러진 송곳니를 지녔어요.
송곳니로 먹잇감의 가죽과 다른 부위를
갈기갈기 찢어 놓아요.

털은 촘촘하고 무거워요.
주황색, 갈색, 흰색,
빨간색, 노란색, 검은색
줄무늬 등
다양한 색깔을 띠어요.

← 다리
호랑이의 다리는
근육 덩어리이며 매우 튼튼해요.
발톱은 7.5센티미터까지 자라요.

햇볕 아래서
하루를 보내요.
저수지, 개울,
강에서 몸을 쉬어요.

호랑이는 영역 동물이에요.
그들은 서식지에서 넓게는 3천만 평
정도 되는 영역을 방어해요.

← 발톱

호랑이

현존하는 호랑이는
시베리아호랑이, 남중국호랑이, 인도차이나호랑이,
수마트라호랑이, 말레이호랑이, 벵골호랑이가
있어요.

비밀스럽지만 효과적으로 먹이를 사냥해요

펭귄
힘찬 자맥질로 먹이를 구해요

현존하는 펭귄 18종은 그 크기와 무게가 다양해요.

물고기를 먹는 펭귄들은 플랑크톤을 먹이로 하는 펭귄들보다 부리가 더 길어요.

펭귄은 바닷물에 함유된 염분의 과다 섭취를 막아 주는 소금샘이 있어서 별도로 담수를 섭취해야 할 필요가 없어요.

펭귄은 철새예요. 기온의 변화나 먹잇감, 짝짓기 등의 이유로 이동하지요. 늘 같은 장소로 돌아와요.

최대 5만 마리까지 무리를 지어 살아요.

먹이를 찾는 데 일생의 **75%**를 투자해요.

주요 먹이는 물고기, 크릴새우, 오징어, 플랑크톤이에요. 아무것도 먹지 않은 채 이틀 정도 버틸 수 있어요.

먹잇감을 사냥할 때는 날개를 이용해 힘차게 자맥질을 해요. 그것도 매우 빠르게요.

아델리펭귄은 85분 동안 크릴새우 244마리와 작은 물고기 33마리를 먹어 치워요.

1 미터 | **35 킬로그램**

가장 몸집이 큰 종은 황제펭귄으로 몸길이는 1미터, 몸무게는 35킬로그램 정도예요.

40 센티미터 | **1 킬로그램**

가장 작은 종은 쇠푸른펭귄으로 몸길이는 40센티미터, 몸무게는 1킬로그램 정도예요.

지리적 분포

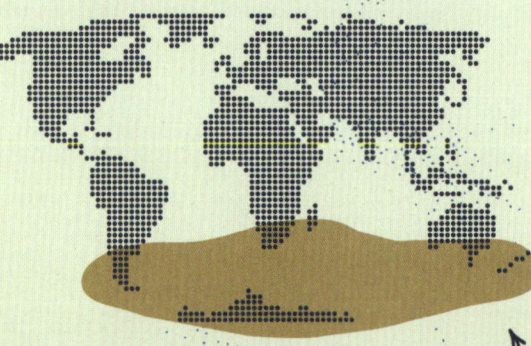

서식지
대해, 빙하 지역, 바위와 모래가 많은 해변, 한대 또는 온대 기후의 해안 지역에 살아요.

남극, 뉴질랜드, 남호주, 남아프리카, 남극 연안의 섬들, 아르헨티나와 칠레 등에 분포해요.

생물 분류

- 문: 척삭동물문
- 강: 조강
- 목: 펭귄목

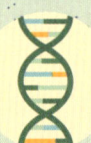 학명: Spheniscidae 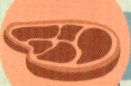 먹이 종류: 육식  거주 환경: 땅, 물   보전 상태: 취약

등은 검은색, 가슴은 흰색이에요.
등의 색은 어둡고 가슴과 배의 색은 밝아 위장할 때 활용해요.
마치 턱시도를 입은 듯이 보여요.

기대 수명
야생에서 최대 20년 정도 살아요.

머리가 커요.
목은 짧고, 몸은 길지요.

번식
펭귄은 새끼를 키우는 동안에는 일부일처제를 유지해요. 황제펭귄은 평생 짝을 이루어 살아요.

펭귄의 구애 행위는 2~3주 동안 계속돼요.

알은 한두 개를 낳아요.
암컷과 수컷은 교대로 알을 품어요.
꼿꼿이 선 자세로요.

새끼가 태어나기 전까지 알을 품는 기간은 34~65일 사이예요.

새끼들을 먹이는 것은 수컷의 일이에요.
먹잇감을 잡아 일부만 소화하고 나중에 다시 게워 내 새끼들에게 먹이지요.

가로세로 1센티미터 면적에 30~40개의 깃털이 나 있어요.

깃털은 매끄럽게 윤기 나는 망토 같아요.
깃털의 색깔은 종에 따라 검은색, 회색, 장미색, 파란색, 노란색, 흰색 등 다양해요.

빽빽이 난 깃털 덕분에 낮은 온도에서도 견딜 수 있어요.
깃털은 몸에서 열기가 빠져나가는 것을 막아 주거든요.

다리 →
다리는 짧지만 강해요.
물속에서 헤엄치고 땅에서 걸을 때 매우 효율적으로 움직여요.

발가락은 각각 네 개씩 있어요.
앞쪽의 두꺼운 발가락 세 개는 얇은 막으로 연결되어 있고, 나머지 작은 발가락 하나는 다른 발가락들과 떨어져 있어요.

꼬리 ↗
꼬리 아랫부분에는 기름을 만들어 내는 분비샘이 있어요.
이 기름은 깃털에 방수 처리를 해 줘요.

거미는
무리 지어 살지 않고
혼자 살아요.

번식

수컷은 암컷을 유인하는 구애 행동을 해요.

암컷은 종과 기후 조건에 따라
수십 또는 수천 개의 알을 낳아요.

부드러운 알주머니로 덮어
알을 보호해요.

암컷은 부화가 진행되기까지
**짧게는 1주,
길게는 4개월까지**
알을 보호하고 지켜요.

새끼가 알을
깨고 나오는
순간에는 혼자가
아니지만 먹이를
사냥하는
법을 배우고 나면
바람을 타고
각자 흩어져요.

네 쌍의 다리는
각각 일곱 마디로
되어 있어요.

거미는 보통 눈이 여덟 개예요.
눈이 여섯 개, 네 개, 두 개인 거미도
있답니다.

서식지

건조한 기후나 습한 기후 등
다양한 생태계 환경에서 서식해요.
물속에서 사는 종도 있어요.

거미의 껍질은
단단해요.

← 머리가슴

껍질은 50만 개가 넘는
아주 미세하고 **억센 털**로 덮여 있어
털은 서로 단단히 얽혀 있어
자기 무게의 170배 정도 되는
무게를 견딜 수 있어요.

170배

**최대
30
센티미터**

거미는 종에 따라
몸의 크기가
최소 0.46밀리미터에
최대 30센티미터로
다양해요.

↑
배

거미의 몸은 크게 두 부분으로
이루어져 있어요.
앞부분은 머리가슴(두흉부),
뒷부분은 배(복부)라고 불러요.

머리가슴과 배는 배자루라는 가는
원통형 구조에 의해 연결되어 있어요.
덕분에 거미의 몸은 유연하고
배 부분을 여러 방향으로 움직일 수 있지요.

수명
**최대
10년**

야생에서 최대 10년 정도 살아요.

거미

체외 소화를 해요

지구에는 약 4만 9,000종의 거미가 있어요. 거미는 진드기, 전갈, 통거미목과 친척이에요.

거미는 저마다 고유한 먹잇감 사냥 기술을 보유하고 있어요.

생물 분류

문: 절지동물문
강: 거미강
목: 거미목

포식자

거미의 먹이는 주로 곤충과 다른 거미류이며 몸집이 큰 거미는 생쥐와 도마뱀까지 삼킬 수 있어요. 일부 종은 꽃꿀 같은 식물성 물질을 먹는답니다.

집 짓는 거미
끈끈한 액체를 분비하고 생산하는 실샘이 있어요. 이 액체로 거미줄을 만들지요. 자신이 만든 거미줄 가장자리에서 위장한 채 먹잇감이 덫에 걸려들길 기다려요.

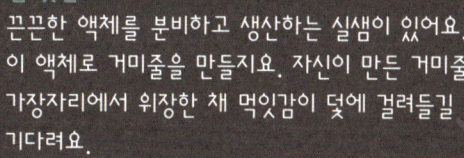

일단 먹잇감을 포획하면 독을 쏘아서 마비시켜요.

체외 소화

그런 다음 먹잇감에 특수 효소를 주입하여 액체로 만들어 빨아들여요.

문짝거미
땅에 동굴을 파요. 끈적끈적한 액체를 분비해 벽을 만들지요. 동굴 안에 숨어서 먹잇감을 기다려요.

위장하는 거미
몸에 흙을 묻혀 땅바닥에 몸을 숨기거나 꽃들 사이에 몸을 숨겨요.

볼라스거미
끈적끈적한 액체를 이용해 거미줄 위에 공을 만들어요. 이 공으로 날아다니는 벌레를 유인하거나 공을 던져 잡아요.

깡충거미
깡충깡충 뛰면서 먹잇감을 사냥해요.

지리적 분포

남극을 제외한 전 대륙에 분포해요.

 학명: **Araneae**　 먹이 종류: **육식**　 거주 환경: **땅, 물**　 보전 상태: **최소관심**

 **6억 년**

공룡이 등장하기 훨씬 이전에 바다를 정복한, 세계에서 가장 원시적인 무척추동물 중 하나예요.

기대 수명 최대 1년

야생에서 최대 1년 정도 살아요.

일부 종의 몸은 발광해요. 해파리는 생체 발광을 이용해 포식자에게 자신의 독성을 드러내요.

해파리의 표피에는 일종의 신경망이 있어 환경과 상호 작용 할 수 있어요.

생물 분류

- 문: 자포동물문
- 강: 자포동물강
- 목: 해파리목

지리적 분포

세계의 모든 대양 또는 바다에 분포해요. 특히 온난한 기후의 바다에 더 많이 나타나지요.

투명한 몸체는 물속에서 장밋빛, 보라색, 파란색 등 다양한 색조를 띠어요. 몸체가 투명하니 속이 다 들여다보이지요.

서식지
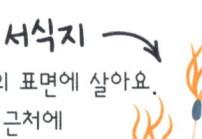

해저나 바다의 표면에 살아요. 대해나 해안 근처에 살기도 하고요.

번식

해파리는 자기 몸 일부를 분리해 번식하는 무성 생식과, 정자와 난자를 수정시키는 유성 생식을 해요.

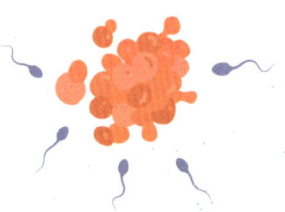

죽지 않는 해파리

위험에 처하면 생명 주기를 되돌릴 수 있어요. 즉 한계가 없는 재생 과정을 거쳐 어린 상태로 되돌아갈 수 있어요.

촉수를 확장할 수 있는 길이 **36 미터**

→ → → **이동**

위수강으로 유입되는 물을 추진제처럼 몸 밖으로 내뱉어서 이동해요.

 학명: Medusozoa | 먹이 종류: 육식 | 거주 환경: 물 |  보전 상태: **최소관심**

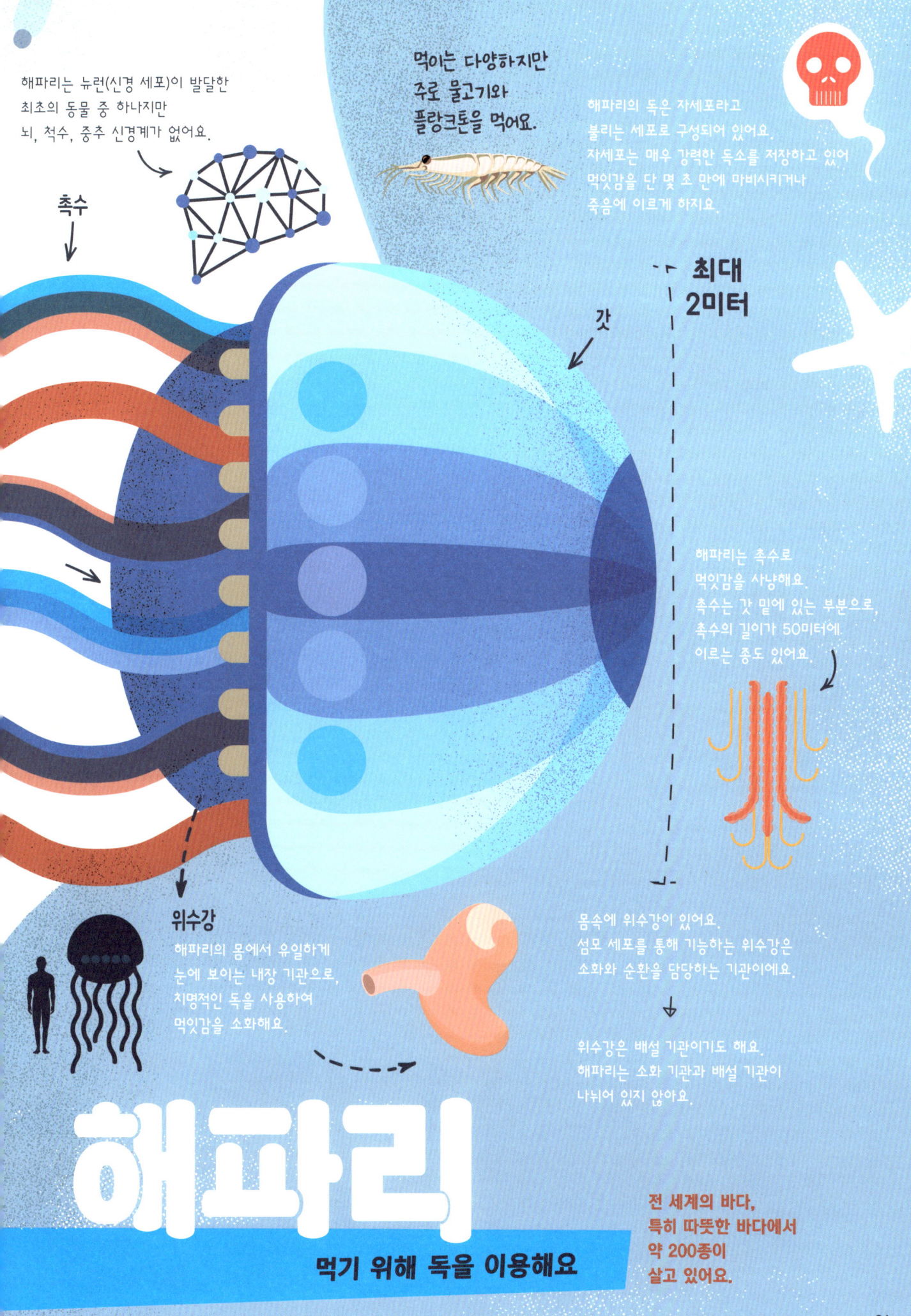

벌새의 혀는 특수한 기관이에요.
거의 투명하며, 돌돌 말린 두 개의
관으로 구성되어 있지요.
벌새는 즙을 흡입할 때 혀를 빠르게
들락날락해요. 그런 다음 부리를
능숙하게 움직여 즙을 목구멍까지
빨아들이지요.

속도로 아주 쉽게 꽃의
한가운데까지 도달해요.
**초당 열세 번의
빨아들이기**

 에너지를 아끼기 위해
신진대사를 조절할 수 있어요.

날개는 매우 작아요.
초당 20-100회 정도 날갯짓해요.

날개

나는 동물 중에서는
몸과 비교해 뇌가
큰 편이에요.

검붉은색 부리는 **부리**
길고 뾰족해요.

길이는 10센티미터 정도예요.
꽃에서 달콤한 즙을
빨아들이는 데 쓰이지요.
일부 종의 부리는
몸길이만큼이나 길기도 해요.

뒤로, 앞으로, 위에서 아래로,
심지어 거꾸로도 날 수 있어요.

정말 빨라요.
시속 30-50킬로미터
정도로 날 수 있어

꽃에서 수집한 즙에서 얻는 영양분이 주식이에요.
빨간빛과 오렌지빛 꽃이 주요 공급원이지요.
수액이나 벌, 거미를 비롯한 곤충을
먹을 때도 있어요.

시속 **50** 킬로미터에
달하는 비행
속도

가쁜 호흡, 빠른 심장 박동,
높은 체온 등의 신체 조건 때문에
자주 모이를 먹어야 해요.

한 시간에
열 번 정도
먹어요.

하루에
500-3,000개
정도의 꽃을
찾아다녀요.

꽃 수분 과정에서
매우 중요한 역할을 하는 새예
벌새의 도움으로
꽃은 번식을 보장할 수 있지요.

학명: **Trochilidae** | 먹이 종류: **잡식** | 거주 환경: **하늘** | 보전 상태: **위기**

최대 25 센티미터

지구상에서 가장 작은 새랍니다. 몸길이는 5-25센티미터 사이에요.

깃털은 매우 다채롭고 밝은 색조를 띠어요. 빛을 받으면 무지갯빛이 도는 다양한 색상 패턴을 지니고 있어요.

기억력 또한 비상해요. 한 번 즙을 빨아 먹은 꽃과 식물을 모두 기억할 뿐 아니라, 다시 즙을 먹을 수 있기까지 얼마나 걸릴지 기억할 수 있답니다.

생물 분류
- 문: 척삭동물문
- 강: 조강
- 목: 칼새목

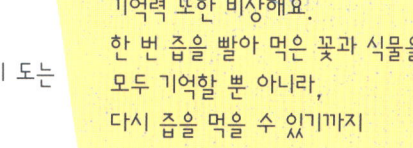

번식

일부다처제예요.

수컷은 암컷의 시선을 끌기 위해 춤을 추는 것으로 구애 의식을 시작해요.

암컷이 수컷의 구애를 받아들이면 마침내 **짝짓기**가 이루어지지요.

최대 24 그램

몸무게는 1.5-24그램이에요.

암컷은 솜, 털, 이끼, 거미줄 등으로 둥지를 지어요. 알은 두 개까지 낳을 수 있어요. 암컷은 알을 낳으면 15일에서 20일 동안 품었다가 새끼가 알을 깨고 나오면 3-4주 정도 먹이를 먹여요. 새끼에게 먹일 모이를 찾으려 140회 정도 비행을 감행하지요.

기대 수명

최대 5년

벌새는 대부분 높은 소리로 지저귀어요. 빠르게 날갯짓하느라 윙윙거리는 소리도 내고요.

지리적 분포

중미와 남미 등 아메리카 대륙에 분포해요.

서식지

온대와 열대 기후 지역의 사막, 해안, 숲, 초원, 산 등에 서식해요.

숲이나 도시의 나무, 덤불, 덩굴 등 꽃의 달콤한 즙이 있는 곳에서 살아요.

겨울처럼 기후 조건이 열악해지면 다른 곳으로 이주하는 습관이 있어요.

벌새

꽃에서 달콤한 즙을 빨아 먹어요

현존하는 벌새는 300종이 넘을 만큼 다양하지만, 대부분 멸종 위기에 처해 있어요.

해부학적으로 육식 동물로 분류되지만, 육식을 하는 모습을 보기는 쉽지 않아요. 판다가 초식하게 된 역사는 200만 년 전으로 거슬러 올라가요.

12-38킬로그램
판다의 소화 기관은 대나무에 함유된 셀룰로스 분자를 흡수하지 못하기 때문에 몸에 필요한 영양소를 얻으려면 많은 양의 대나무를 먹어야 한답니다.

대나무가 식단의 **99%**를 차지해요. 대나무 외에 식물, 과일, 알 등을 먹어요. 대나무를 구할 수 없을 땐 작은 포유류나 물고기, 곤충 등을 먹기도 해요.

번식
무리에게 단연 눈에 띄는 수컷이 원하는 암컷을 골라 짝짓기를 해요. 짝짓기는 주로 봄에 이루어져요.

임신 기간은 3-6개월 정도예요.

새끼 한두 마리가 태어나요.

어미는 7주 동안 새끼에게 먹이를 주며 돌봐요.

갓 태어난 새끼는 2년 동안 어미와 함께 살아요.

판다는 나무와 동굴을 보금자리로 삼아요.

기대 수명 최대 **30년**
야생에서 20년, 사육 환경에서 최대 30년 정도 살아요.

서식지
활엽수가 우거진 따뜻한 숲과 산악 지역에 서식해요.

중국의 민샨, 친링, 치옹라이, 량샨, 단샹링, 샤오샹링의 일부 산악 지역에서 살아요.

이 지역들은 비가 많이 내리고 구과식물이 풍부한 지역으로, 대나무의 생육에 이상적인 환경이에요. 지구상에서 가장 풍요로운 온대 기후 생태계 지역으로 꼽히는 곳이지요.

해발 3,400미터

지리적 분포

중국 남쪽과 동쪽 지역, 베트남과 미얀마 일부 지역에 분포해요.

대나무 숲
판다는 대나무 숲에서 매우 중요한 역할을 담당한답니다. 식사하면서 씨앗을 퍼뜨리고 대나무의 성장을 촉진해요.

최대 **1.9 미터**
몸길이는 1.2-1.9미터 정도예요.

160 킬로그램
몸무게는 100-160킬로그램 정도예요.

서식지의 대규모 파괴, 산림의 나무 남벌, 무분별한 사냥 때문에 멸종 위험이 커졌어요.

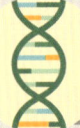 학명: Ailurpoda melanoleuca |  먹이 종류: **육식** | 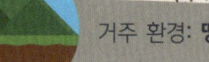 거주 환경: **땅** |  보전 상태: **취약**

판다

하루에 14시간 동안 대나무를 먹어요

 판다라는 이름은 레서판다와 자이언트판다 두 종을 일컫는 말이에요.

귀 쫑긋 솟은 타원형의 귀예요.

발목뼈가 변하여 발가락이 된 것이 여섯 번째 발가락이에요. 이 발가락 덕분에 대나무 줄기를 쉽게 뜯을 수 있어요.

더 좋은 대나무를 찾으러 이동하기도 해요.

눈 판다의 눈은 작고 시력이 좋지 않아요. 동공이 고양이처럼 세로로 길쭉해요.

이빨과 턱은 대나무 껍질을 쉽게 까고 속살을 잘 씹을 수 있게 발달 되었어요.

발 앞발은 힘이 세고 기어오르기에 적합해요.

털은 두껍고 숱이 많아서 겨울의 추운 날씨를 견디는 데 도움이 돼요. 색깔은 흰색과 검은색이에요.

← 레서판다

생물 분류
문: 척삭동물문
강: 포유강
목: 식육목

앉아서 먹을 수 있다는 점에서 다른 곰들과 달라요.

자이언트판다와 공생하는 종으로 그 수가 많지 않아요. 몸 크기는 고양이만 하고 너구리와 매우 비슷해요.

비늘돔은 산호 표면에
붙어 있는 해조류를
주로 먹고 살아요.

↓
↓
↓

이빨로 산호와 암석을
부수고 삼킨 뒤
해조류를 뜯어 먹어요.

암석과 산호 조각을 삼킨 뒤 먹을 수 있는
부분을 뺀 나머지가 배설돼 나온 것이
산호섬의 하얀 모래가 되지요.

비늘돔은 연간
100킬로그램의
모래를
만들어 내요.

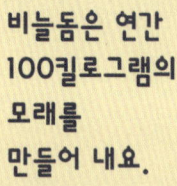

↓

이 모래가 산호섬과 환초 해변에
쌓인답니다.

비늘돔은 산호초를 청소하고
건강한 상태로 유지하는 데
결정적인 역할을 해요.
만약 이들이 없었다면 해조류가
산호초를 뒤덮어서 산소와 빛이
공급되지 않아 산호가 모두
질식해 버렸을 테니까요.

산호에 붙어 사는 작은 연체동물도 먹어요.

꼬리지느러미

번식

일정한 시기가 되면
성이 바뀌어요.

↓

암컷으로 태어나지만 나중에
수컷이 되거나, 반대로
수컷으로 태어나지만 암컷이 돼요.
수컷이 죽으면 암컷 중 한 마리가
성을 전환해 무리를 이끄는
대장 수컷이 돼요.

↓

1년 내내 산호초 가장자리에
산란할 수 있어요.

알은 부화하면 길이가 12-15센티미터가
될 때까지 산호초 표면에 붙어살아요.
그런 다음 표면에서 떨어져 나와
산호초 생태계에 합류하지요.

뒷지느러미

수심 1.3-80미터 사이라면
어디서든 비늘돔을 볼 수 있어요.

1.3M

80M

최대
150
센티미터

가장 큰 종의 몸길이는
150센티미터에 달해요.

지리적 분포

대서양, 인도양, 태평양의 모든 열대 및 아열대 지역에
분포해요. 홍해에서도 발견된답니다.

서식지

산호초, 해초, 암석 주변에 서식해요.

생물 분류

문: 척삭동물문
강: 어강
목: 농어목

비늘돔
산호 표면에 붙어 있는 해조류를 먹어요

현존하는 비늘돔은 90여 종이에요.

약 40마리 → 약 40마리가 모여 거대한 어군을 형성해요.

한 마리의 수컷이 무리를 이끌고 나머지는 모두 암컷인 경우가 많아요.

최대 20년

기대 수명
야생에서 최대 20년 정도 살아요.

등지느러미 →

입 →
입 모양이 앵무새 부리와 닮아서 앵무고기라고 불려요.

배지느러미

몸은 가늘지만 단단한 모습이에요.

비늘돔은 낮에 활동하는 물고기예요. 밤에는 산호초의 구석진 곳이나 모래 속에 몸을 숨겨요.

큰 비늘이 겹겹이 쌓인 형태로, 몸을 덮고 있어 표면은 매끄럽게 부드러워요.

비늘돔의 몸은 빨간색, 파란색, 노란색, 회색, 갈색, 검은색 등이 조화를 이루어 점, 반점, 가로무늬 패턴을 형성하는 매우 다양하고 밝고 대조적인 색상으로 이루어져 있어요.

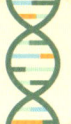 학명: **Scaridae** |  먹이 종류: **초식** | 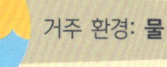 거주 환경: **물** | 보전 상태: **취약**

펠리컨은 동물 중 유일하게
바다의 염수를 마신 뒤
먹기 좋은 담수로
바꾸는 능력이 있어요.

물고기 떼가 보일 때까지
바다 위를 날다가 먹잇감을 발견하면
엄청난 속도로 하강하여 부리로
최대한 많은 양의 물고기를 잡아서
턱주머니에 저장해요.

잡은 물고기를 턱주머니에 보관했다가
먹이가 필요할 때나 새끼에게 먹일 때 꺼내요.

4 킬로그램
하루 4킬로그램에 달하는 양을 먹을 수 있어요.

턱주머니는 물을
12리터나 담을 수
있을 만큼
커요.

최대 15 킬로그램
몸무게는
최대 15킬로그램까지
나가기도 해요.
수컷은 암컷보다 더 커요.

3 미터
두 날개의 폭은
약 3미터 정도예요.

↑ 부리   ↑ 턱주머니

부리 아래쪽에 있는
턱주머니는 먹잇감을 잡을 때
그물 같은 역할을 해요.

주머니는 매우 유연한 피부막으로 되어 있어
먹잇감이 빠져나가지 않게 해 줘요.

육식 동물의 하위 부류인
물고기를 먹고 사는
종류로 분류돼요.
주식이 물고기지요.

식단의 **90%**가
큰 물고기예요.

나머지 **10%**는
작은 물고기와
갑각류 등이고요.

↑ 다리
다리는 짧으며
물갈퀴가 있는 발가락이
4개씩 있어요.

2 미터
몸길이는
2미터 정도예요.
수컷은 암컷보다
더 커요.

 학명: Pelecanus    먹이 종류: **육식**    거주 환경: **하늘**   보전 상태: **최소관심**

공중에서 먹이를 사냥하는 본능이 있어요.

번식기가 되면 부리와 피부색이 더 밝아지거나 색깔이 바뀌기도 해요.

생물 분류
문: 척삭동물문
강: 조강
목: 사다새목

털색은 다양한데, 회색과 갈색이 많아요.

매우 가벼운 새예요.

골격과 피부 사이에 공기주머니가 있어서 물 위에 떠요.
최대한 많은 양의 물고기를 잡아서 턱주머니에 저장해요.

번식

구애 행동을 마치면 수컷은 물이 풍부한 곳 근처에 나뭇가지와 나무 막대로 둥지를 지어요.

수컷과 암컷은 새끼들이 태어날 때까지 알을 품어요.

암컷은 새끼가 태어나면 3개월이 될 때까지 입에 있던 먹이를 게워 내어 새끼를 먹여요.

날개를 매우 민첩하게 움직여요.

그러면 암컷은 둥지에 알을 낳아요. 한 번에 두세 개의 알을 낳아요.

새끼가 독립할 수 있게 되면 부모 곁을 떠나요.

날개를 움직이지 않고 날 수 있어 에너지를 절약할 수 있어요.

최대 25년

기대 수명
야생에서 최대 25년 정도 살아요.

지리적 분포

아메리카, 아프리카, 동남아시아, 호주에 분포해요.

서식지
따뜻한 열대 지역의 해안, 강변, 호수 등지에서 서식해요.

100마리 이상이 군집해서 살아요. 계절이 바뀌면 먹이를 찾아 이동하는 철새지요.

펠리컨
부리에 먹이를 저장해요

현재 8종의 펠리컨이 존재해요.

사슴

소화 과정이 매우 복잡해요

현재 다양한 모양과 크기의 사슴 약 50종이 존재해요.

사슴은 오직 식물만 먹어요. 풀, 작은 덤불, 잎, 가지, 줄기, 싹 등을 먹는데, 나무 열매, 도토리, 버섯, 달콤한 과일을 먹을 때도 있어요.

매일 많은 양을 먹어 치워요.

먹이를 구하기 어려울 때나 혹독한 겨울에는 살아남기 힘들어요.

먹이를 찾느라 서식지를 떠나지는 않기에 굶어 죽는 경우가 많아요.

위는 네 부분으로 나뉘어 있어요. 소화 과정은 매우 복잡해요.

이런 방식을 반추라고 해요. 영양분을 섭취하고 적절히 분해해 병을 예방하고 식물로부터 감염을 막아요.

아래턱의 작은 이빨로 먹잇감을 작은 조각으로 찢어요. 턱 안쪽에 난 어금니로 먹이를 씹어 먹어요.

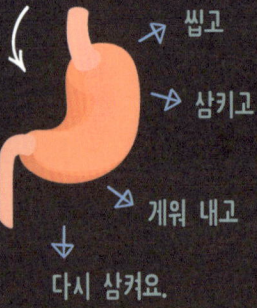
→ 씹고
→ 삼키고
→ 게워 내고
→ 다시 삼켜요.

30 센티미터

2 미터

번식
암컷의 임신 기간은 종에 따라 **160-250**일로 다양해요.

사슴은 **일부일처제**예요.

가장 작은 종은 남아메리카에 분포하는 푸두예요. 몸길이가 30센티미터 안팎이고, 몸무게는 7킬로그램 정도예요.

가장 큰 종은 말코손바닥사슴으로 길이는 2미터, 몸무게는 820킬로그램까지 나가요.

새끼는 일 년에 한두 마리 정도 태어나요.

태어나면 어미 곁에 1년 정도 머물러요.

대부분 숲이나 산에 살아요. 겨울이 되면 산에서 분지까지 내려오기도 하지요.

지리적 분포

서식지
낙엽수림, 열대 우림, 고산 지대, 아한대, 습지, 초원, 평야, 건조한 관목림, 산악 등에 서식해요.

유럽, 아시아, 아메리카, 북아프리카에 분포해요. 사람에 의해 뉴질랜드와 호주에도 유입되었어요.

생물 분류
문: **척삭동물문**
강: **포유강**
목: **우제목**

뿔은 육경이라 불리는 뼈의 지지 구조를 바탕으로 자라요.

뿔은 태어난 첫해에 자라기 시작해서 성장하면서 더 커져요.

뿔은 수컷들이 암컷을 놓고 싸우는 짝짓기 기간에 방어용으로 사용돼요. 나무나 덤불의 껍질을 벗기는 데 쓰이기도 하고요.

최대 40 킬로그램

사슴의 몸무게는 최대 40킬로그램까지 나가기도 해요.

울음소리

짝짓기 기간이 되면 울음소리를 내요. 이 소리로 암컷을 유혹하고 영역을 표시해요.

주변에서 일어나는 상황을 파악하기 위해 늘 안테나를 세우고 있어요. 조금만 위험이 의심돼도 도망가지요.

목이 길어 풀을 뜯어 먹기에 좋아요.

기대수명 최대 13년

야생에서 최대 13년 정도 살아요.

몸은 유연하고 탄탄해요.

사회성이 매우 발달했으며 무리 지어 이동해요.

대장 수컷이 무리를 이끌며 암컷 무리와 수컷 무리로 나뉠 때도 있어요.

다리

다리는 길고 근육이 매우 발달해서 나무가 우거진 험준한 지형을 이동하는 데 적합해요.

털은 어두운 갈색, 밝은 갈색, 흰색 등이 섞여 있으며 숱이 많은 갈기가 있어요.

새끼는 붉은색을 띠고 있으며 포식자로부터 보호하기 위해 자신을 위장하는 데 필요한 흰색 반점과 줄무늬가 있어요.

학명: Cervidae | 먹이 종류: **초식** | 거주 환경: **땅** | 보전 상태: **취약**

41

가장 좋아하는 먹이가 **개미**라서 개미핥기라고 불려요.

개미, 흰개미, 벌을 먹어요.

혀에는 뒤쪽으로 난 작은 가시가 있고 침에는 점성이 있어요. 흰개미와 개미 둥지에 들어가려 할 때 혀를 내밀어서 거는 방식으로 먹이를 잡아요.

하루에 **3만 5,000마리**의 개미와 흰개미를 먹어 삼킬 수 있어요.

1분에 160회 정도 혀를 놀릴 수 있어요.

입
입은 긴 튜브 형태이고 이빨은 없어요.

후각이 매우 발달했어요.

혀
혀는 원통형이며 끈끈한 점성이 있어요.

60 센티미터

앞다리에는 포식자를 방어하고 개미둥지를 부수는 데 쓰는 강력한 발가락이 네 개씩 있어요.

뒷다리에는 작은 발톱이 달린 발가락이 다섯 개씩 있어요.

개미핥기

크기에 따라 큰개미핥기, 작은개미핥기, 긴꼬리개미핥기, 애기개미핥기로 나뉘어요. 여기에서는 큰개미핥기를 기준으로 알아볼 거예요.

혀로 개미를 잡아먹어요

42

서식지
나무가 우거진 사바나, 초원, 덤불, 탁 트인 산, 정글, 열대 및 아열대숲에 서식해요.

지리적 분포

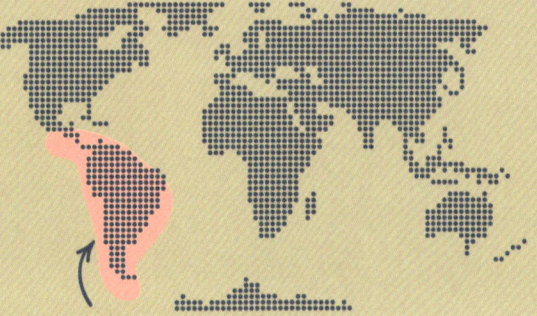

중앙아메리카, 남아메리카에 분포해요.

생물 분류
- 문: 척삭동물문
- 강: 포유강
- 목: 유모목

동굴이나 움푹 파인 땅에 들어가 몸을 숨기곤 해요.

다리 사이에 입을 묻고 몸통에 꼬리를 바짝 붙여 몸을 돌돌 말아 누워요.

그렇게 하면 땅에 떨어진 나뭇가지로 보여 포식자의 눈에 띄지 않아요.

번식
큰개미핥기의 임신 기간은 190일 정도예요. 주로 따뜻한 계절에 출산하며, 무게 1.5킬로그램인 새끼 한 마리를 낳아요.

새끼는 어미 등에 타고 다녀요. 새끼의 몸에 있는 검은색 줄무늬는 어미의 줄무늬와 겹치므로 완벽하게 위장할 수 있어요.

혼자 다니는 습성이 있으며 매우 잘 걸어요.

최대 85 센티미터
꼬리는 75-85센티미터 정도 돼요. 무성한 털로 뒤덮여 있으며 몸길이에 비해 매우 길지요.

최대 2 미터
몸길이는 최대 2미터에 정도예요

최대 40 킬로그램
몸무게는 최대 40킬로그램 정도예요. 수컷은 암컷보다 더 커요.

강한 발길질로 개미둥지를 파헤치고 혀로 개미를 잡아요.

다리, 꼬리, 옆구리에 난 털은 단단하고 길어요.

그래서 곤충에게 물리지 않아요.

회색과 갈색이 다양한 색조로 나타나요. 몸의 측면을 따라 두 개의 검은색 줄무늬와 흰색 선이 나 있어요.

목에는 **25센티미터** 정도의 갈기가 있어요.

최대 26년
기대 수명
야생에서 15년, 사육 환경에서 26년 정도 살아요.

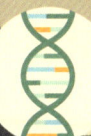 학명: *Myrmecophaga tridactyla*
 먹이 종류: **식충**
 거주 환경: **땅**
 보전 상태: **취약**

부리
부리는 짧고 좁아요.

눈
눈 크기는 지름 5센티미터이며 시력이 매우 좋아요.

수컷의 깃털은 검은색이며 날개와 꼬리 부분은 흰색이에요. 암컷의 깃털은 회갈색을 띠어요.

목은 길고 깃털이 없어요. 머리는 작고요.

최대 3 미터
몸길이는 1.7-3미터에 달해요.

최대 180 킬로그램
몸무게는 63-180 킬로그램 사이에요. 수컷은 암컷보다 더 커요.

사회성이 뛰어난 동물이에요.

보통 12-50마리의 개체가 모여 무리를 형성해요.

무리마다 대장 수컷과 대장 암컷이 한 마리씩 있어요.

♂ ♀

번식
수컷은 날개, 꼬리, 목을 흔들며 암컷에게 신호를 보내요.

수컷은 땅에 구덩이를 파 둥지를 지어요.

서열이 가장 높은 암컷과 짝짓기가 끝나면 수컷은 다음 서열의 암컷들과 세 번에서 다섯 번 정도 더 짝짓기해요.

한 둥지에 여러 암컷이 각각 예닐곱 개의 알을 낳아요.

타조의 알은 길이가 25센티미터, 무게가 1-2킬로그램 정도 나가요.

발가락은 두 개씩 있으며 발톱이 두꺼워 무기가 돼요.

새끼가 알에서 나올 때까지 야간에는 수컷이 알을 품고, 낮에는 가장 서열이 높은 암컷이 알을 품어요.

타조

먹이를 잘게 부수기 위해 자갈을 삼켜요

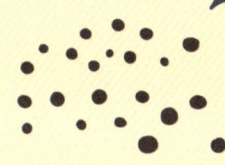
현재 지구상에 살고 있는 새 중 가장 커요.

꽃과 과일을 즐겨 먹어요. → 잎은 제거하고요.
목이 길어 다른 동물이 닿지 않는 먹잇감을 확보할 수 있어요.

사바나에 있는 허브와 풀, 나뭇잎, 덤불, 곤충, 작은 파충류, 과일, 낟알, 기타 작은 척추동물을 먹어요.

먹이를 씹지 않을 땐 자갈을 삼켜 음식을 잘게 부수어 소화해요.

몸무게의 −25%

타조는 건조한 환경에 적응한 동물이에요. 그래서 탈수로 몸무게가 최대 25%까지 빠져도 견딜 수 있어요.

부리로 먹이를 집어서 식도로 밀어 넣어요.

타조는 다른 새들처럼 모이를 저장하는 모이주머니를 가지고 있지 않아요.

풀, 잔디, 덤불이 많이 자라는 건조하고 모래가 많은 탁 트인 초원에 살아요.

최대 60년

기대 수명
야생에서 40년, 사육 환경에서 최대 60년 정도 살아요.

최대 시속 90 킬로미터

타조는 훌륭한 육상 선수랍니다. 근육질의 다리에서 나오는 추진력과 작은 날개로 조절하는 균형 감각 덕분에 30분 동안 시속 90킬로미터로 달릴 수 있어요.

지리적 분포

아프리카와 중동에 분포해요.

서식지
사바나, 사막, 숲, 건조한 초원, 덤불, 건조 및 반건조한 평야 지역에 서식해요.

생물 분류
- 문: 척삭동물문
- 강: 조강
- 목: 타조목

학명: **Struthio camelus**

먹이 종류: **잡식**

거주 환경: **땅**

보전 상태: **최소관심**

하이에나
무는 힘이 무시무시해요

현존하는 하이에나는 점박이하이에나, 줄무늬하이에나, 갈색하이에나, 땅늑대예요.

하이에나 무리는 사냥에 거의 참여하지 않는 암컷 대장이 이끌어요. 사냥은 대개 수컷이 담당해요.

해부학적으로 동물 세계의 포식자, 사냥꾼이 되기에 적합해요.

죽은 포유류의 고기를 먹어요. 자신처럼 동물의 썩은 고기를 먹는 다른 동물들을 피해 먹이를 옮겨요. 썩은 고기가 눈에 띄지 않으면 무방비 상태의 동물을 공격해 죽인 다음 먹어 치워요.

기린, 뱀, 얼룩말, 영양 같은 동물을 공격하여 사냥해요. 그밖에 다양한 열매들도 먹어요.

먹잇감을 포착하면 대상이 지칠 때까지 쫓아요. 한 번 잡으면 30분 안에 끝장내 버리지요.

마신 물을 오랫동안 저장하는 능력이 있어서 물을 마시지 않아도 꽤 오랜 기간 버틸 수 있어요.

사냥을 나갈 때는 무리 지어 다니고 야간에는 시력과 청력이 더 좋아져요.

뛰어난 후각으로 먼 거리에서도 썩은 고기 냄새를 맡을 수 있어요.

번식
하이에나는 일부다처제 동물이에요. 수컷은 암컷들의 선택을 기다리며 그 앞에서 구애 행동을 하지요.

↓

짝짓기에 성공하면 4개월의 임신 기간을 거쳐 네 마리의 새끼가 태어나요.

생물 분류
문: 척삭동물문
강: 포유강
목: 식육목

최대 30년

기대 수명
야생에서 12년, 사육 환경에서 최대 30년 정도 살아요.

서식지
사바나, 관목림, 탁 트인 숲, 산맥 등지에 서식하며 사막을 배회하기도 해요.

고온의 반사막 생태계에서 발견돼요. 먹고 남은 먹이를 숨길 수 있는 강이나 호수 근처에 살아요.

지리적 분포

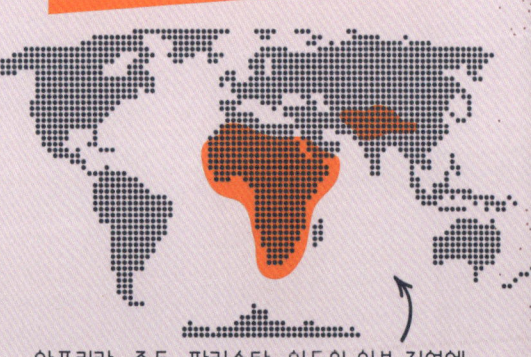

아프리카, 중동, 파키스탄, 인도의 일부 지역에 분포해요.

| 학명: Hyaenidae | 먹이 종류: 육식 | 거주 환경: 땅 | 보전 상태: 위기 |

털은 굵고 많지 않아요.
종 대부분은 머리 위에서부터
길게 내려오는 갈기를 가지고 있어요.

귀
둥그스름하기도 하고
뾰족하기도 해요.

소화 체계가 매우 발달해서 거의 모든
종류의 먹잇감을 먹어 치울 수 있어요.

**40-60킬로그램에
달하는 양의 고기를
먹어 치워요.**

동물의 사체는 감염을 일으킬 수
있어요. 하이에나는 동물의 사체를
먹어 없애는 생태계에서 중요한
역할을 해요.

턱과 이빨의 힘이 엄청 강해서
다른 육식 동물이 먹고 남긴
죽은 동물의 단단한 뼈까지 씹을 수 있어요.

**턱이 워낙 강해서
코끼리 뼈도 부술
정도예요.**

꼬리에는
털이 많아
덥수룩해요.

목
짧고
굵어요.

**최대
80
킬로그램**
몸무게는
22-80킬로그램
정도예요.

**최대
95
센티미터**
키는
60-95센티미터
정도예요.

다리 →
앞다리는 뒷다리보다 길어요.
몸통은 상대적으로 짧은 편이고요.

**최대시속
50
킬로미터**
매우 빨라요.
시속 50킬로미터의
속력을 자랑해요.

**80
센티미터**
몸길이는
80-170센티미터
정도예요.

종에 따라서 갈색, 흰색, 회색 등의
반점이나 줄무늬가 나 있어요.

악마의 웃음소리로 비유될 만큼
섬뜩하고 기괴한 소리를 내요.

살기 위해서는 모두가 포식자

생물은 자연에서 자신의 필요에 따라 상호 작용 하며 살아가요. 가장 작은 동물은 큰 포식자에게 잡아먹히지요. 이렇듯 한 생물이 살려면 다른 생물이 죽어야 하는 먹이 사슬이 나타나요.

먹이 활동은 생물이 자신의 삶에 필요한 성장, 번식, 생리적 기능을 해낼 수 있도록 먹이를 획득하고 섭취하는 과정의 일부예요.

육식 동물

육식 동물은 다른 동물을 잡아먹어요. 언제나 공격할 준비가 되어 있어 사냥할 수 있어요. 민첩하고 힘이 세요. 송곳니와 발톱으로 고기를 쉽게 발기발기 찢을 수 있어요.

살아 있는 동물을 먹는 동물: 먹잇감을 잡은 다음 먹어 치워요.
썩은 고기를 먹는 동물: 이미 죽은 동물이나 부패한 고기를 먹어요.
곤충을 먹는 동물: 개미와 흰개미 등 곤충을 주로 먹어요.
물고기를 먹는 동물: 물고기를 주로 먹어요.
플랑크톤을 먹는 동물: 플랑크톤을 주로 먹어요.

퓨마
전략적으로 사냥해요.

황제잠자리
날아다니는 곤충을 잡아먹어요.

카멜레온
거의 곤충만 먹고 살아요.

페럿
다른 동물의 소굴로 들어가 사냥해요.

초식 동물

식물을 먹고 살아요. 입에 먹이를 씹는 기관이 있어요. 초식 동물들은 다양한 생태계에서 식물을 소비하는 데 적응했어요. 이들은 때때로 육식 동물의 먹이가 되기도 하지요. 그래서 매우 빨리 달릴 수 있거나, 위장을 잘하는 등 자기만의 방어 전략을 마련하고 있어요.

열매를 먹는 동물: 열매를 찾아 먹어요.
잎을 먹는 동물: 식물의 잎을 먹어요.
과즙을 먹는 동물: 꽃의 즙과 꽃가루를 먹어요.
곡식을 먹는 동물: 주로 낟알을 먹어요.
나무를 먹는 동물: 나무를 갉아 먹어요.
뿌리를 먹는 동물: 주로 식물의 뿌리를 먹어요.

토끼
풀, 뿌리, 알뿌리를 먹어요.

비버
비버의 이빨은 나무껍질의 산성에 저항성이 있어요.

잡식 동물

식물과 동물을 모두 먹어요. 서식 환경에 따라 육상 동물, 수생 동물, 날아다니는 동물로 구분돼요. 고기를 찢는 송곳니와 식물을 씹는 어금니를 가지고 있어요.

쥐
눈에 띄는 거의 모든 것을 먹어요.

이 책을 읽고 더 많은 게 궁금해졌나요?

국립생태원
www.nie.re.kr

국립중앙과학관
www.science.go.kr

국립생물자원관
www.nibr.go.kr

국립과천과학관
www.sciencecenter.go.kr

동물이 먹이를 얻는 물질의 유형을 기준으로
식성에 따라 동물을 분류해요.

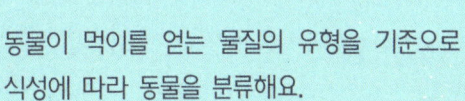

육식 동물

콘도르
동물의 사체나
썩은 고기를 먹어요.

늑대
무리를 지어
전술적으로 사냥해요.

수달
앞발로 매우 능숙하게
물고기를 잡아요.

범고래
무리를 지어 먹잇감을 한쪽으로 몰아
효율적으로 사냥해요.

도롱뇽
끈적끈적한 혀로 곤충을 잡아먹어요.

수염고래
수염으로 물은 걸러내고
매우 작은 먹이까지 잡아내요.

초식 동물

코뿔소
먹을 때 입술을 사용해요.
먹는 식물의 양이 어마어마하답니다.

얼룩말
이빨이 많고
소화 체계가 매우 느려요.

다람쥐
여름에 견과를 찾아 숨겨 두었다가
겨울에 찾아 먹어요.

이구아나
식물과 과일의 부드러운 싹을 먹어요.

잡식 동물

까마귀
곤충, 날알, 과일 등
땅에 있는 것들을 먹어요.

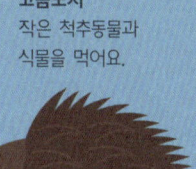
고슴도치
작은 척추동물과
식물을 먹어요.

멧돼지
식물, 곤충, 썩은 고기를 먹어요.

여우
곤충, 과일, 작은 포유류를 먹어요.

생물학연구정보센터
www.ibric.org

국립해양생물자원관
www.mabik.re.kr

국가 생물다양성 정보공유체계
www.kbr.go.kr

세계자연기금 한국본부
www.wwfkorea.or.kr